Mes premiers livres de science

COLLECTION CRABTREE « LES JEUNES PLANTES »

MES OUTILS DE SCIENCE

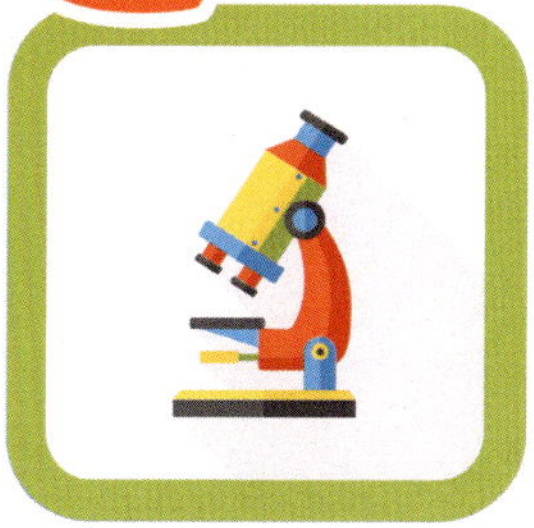

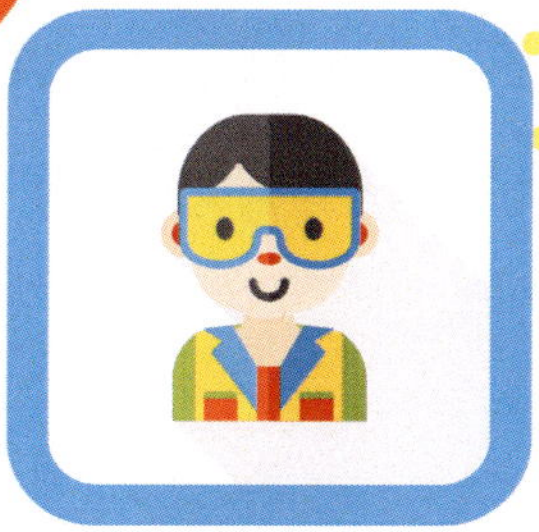

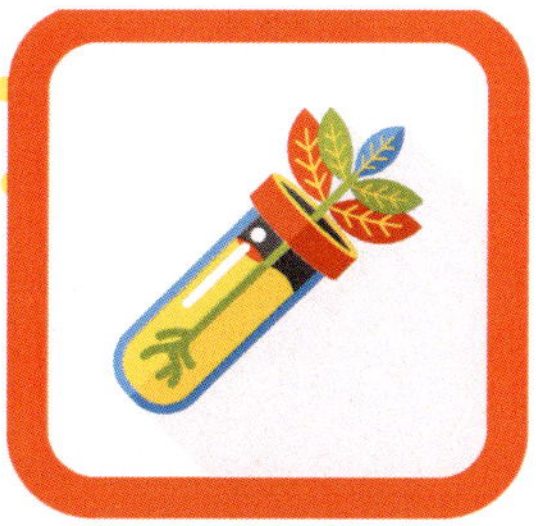

Julie K. Lundgren

Nous utilisons des **outils** scientifiques pour explorer, questionner et apprendre.

Quelle est sa **longueur**?

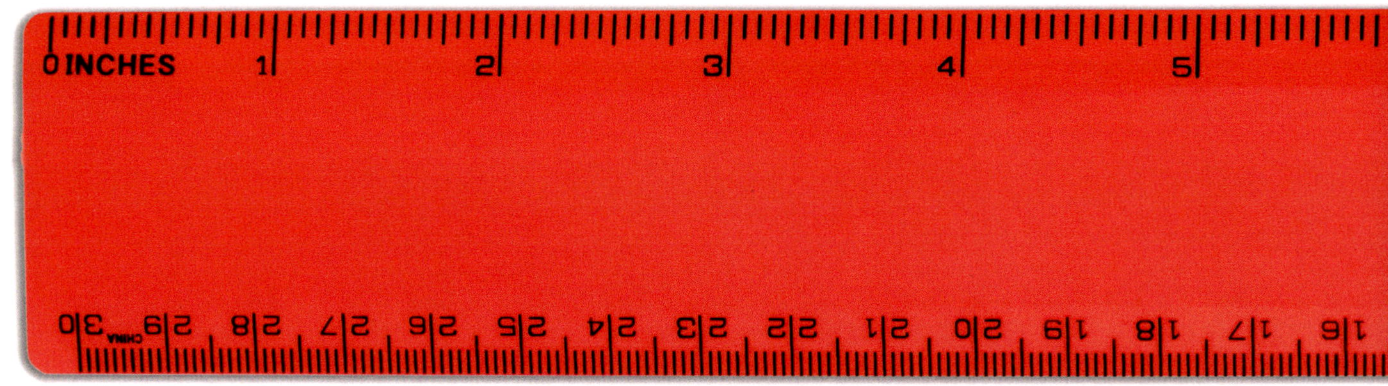
0 INCHES 1 2 3 4 5

Utilise une règle pour trouver la longueur.

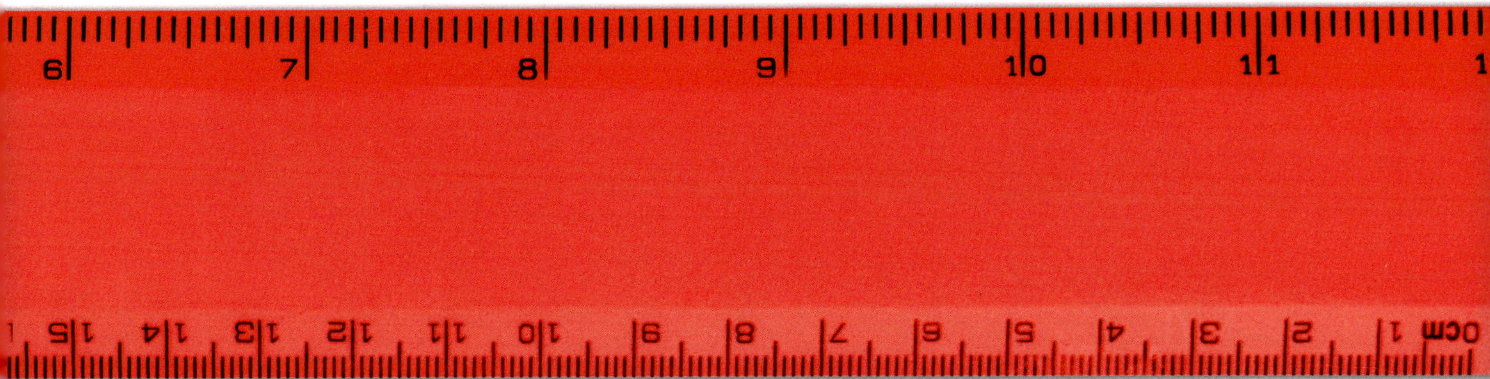

Quel est son poids?

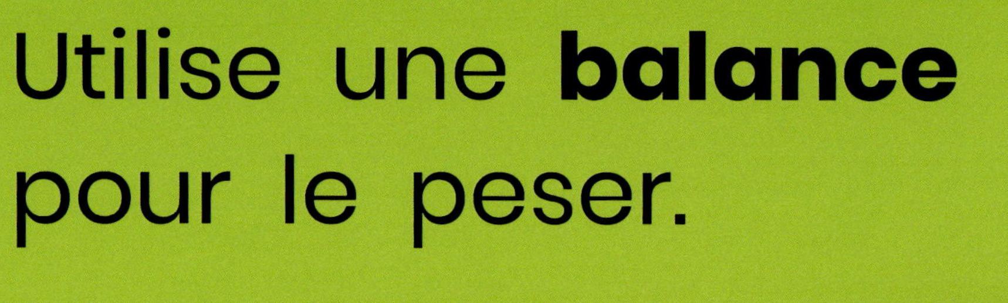

Utilise une **balance** pour le peser.

Je veux voir de plus près.

Utilise une **loupe** pour rapprocher.

Utilise un **microscope** pour rapprocher encore plus.

Utilise une **tablette** pour sauvegarder ce que tu as appris.

Les outils scientifiques t'aident à voir, à connaître et à réfléchir sur le monde qui nous entoure.

Glossaire

balance (ba-lans) : Une balance est un outil utilisé pour peser des objets ou des choses et déterminer leur poids.

longueur (lon-geur) : La longueur c'est la mesure la plus longue de quelque chose d'un bout à l'autre.

loupe (loup) : Une loupe est un outil avec un verre convexe. Quand on regarde à travers, les choses semblent plus grosses.

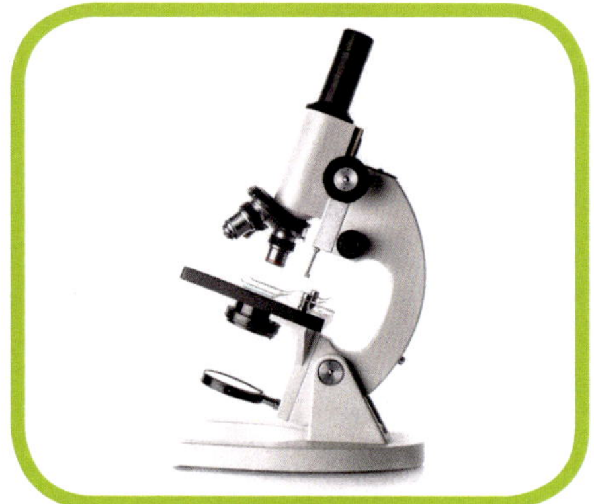

microscope (mi-kro-skop) : Un microscope est un outil doté de lentilles puissantes nous permettant de grossir des choses microscopiques.

outils (ou-ti) : Les outils sont des objets que nous utilisons pour nous aider à faire un travail.

tablette (ta-blèt) : Une tablette est un petit ordinateur facile à emporter avec nous et qui sert à sauvegarder et partager nos notes et nos idées.

Index

balance 10

loupe 14

microscope 17

outils 3, 20

rapprocher 14, 17

règle 7

tablette 18

Soutien de l'école à la maison pour les gardien(ne)s et les enseignant(e)s.

Ce livre aide les enfants à se développer grâce à la pratique de la lecture. Voici quelques exemples de questions pour aider le(a) lecteur(-trice) à développer ses capacités de compréhension. Des suggestions de réponses sont indiquées.

Avant la lecture

- **Quel est le sujet de ce livre?** Je pense que ce livre traite des outils que les gens utilisent pour les aider à apprendre la science.
- **Qu'est-ce que je veux apprendre sur ce sujet?** Je veux apprendre le nom des différents outils scientifiques.

Durant la lecture

- **Je me demande pourquoi...** Je me demande combien pèse le lapin.
- **Qu'est-ce que j'ai appris jusqu'à présent?** J'ai appris que les règles, les balances, les loupes, les microscopes et les tablettes sont des outils scientifiques.

Après la lecture

- **Nomme quelques détails que tu as retenus.** J'ai appris que les loupes et les microscopes permettent aux gens de voir les choses de plus près.
- **Lis le livre à nouveau et cherche les mots de vocabulaire.** Je vois le mot ***longueur*** à la page 7 et le mot ***balance*** à la page 10. Les autres mots du vocabulaire se trouvent aux pages 22 et 23.

Crabtree Publishing Company
www.crabtreebooks.com 1-800-387-7650

Version imprimée du livre produite conjointement avec Blue Door Education en 2021.

Crédits photos : Couverture © A3pfamily; p. 2-3 © Rawpixel.com; p. 4-5 © Dave Pot; p. 6-7 règle © Kitch Bain, Chawalit Chanpaiboon, gecko © Chawalit Chanpaiboon; p. 8 © ravel, p. 9 © Pair Srinrat, p. 10-11 © Tinxi; p. 12-13 © A3pfamily, p. 14-15 © Pavel.Proc; p. 16-17 © Bernad; p. 18-19 © Yuliia V; p. 20-21 © Rawpixel.com Toutes les photos de Shutterstock.com

Imprimé au Canada/042021/CPC

Autrice : Julie K. Lundgren
Coordinatrice à la production et technicienne au prepress : Tammy McGarr
Coordinatrice à l'impression : Katherine Berti
Traduction : Claire Savard

Publié au Canada par Crabtree Publishing
616 Welland Ave.
St. Catharines, ON
L2M 5V6

Publié aux États-Unis par Crabtree Publishing
347 Fifth Ave
Suite 1402-145
New York, NY 10016

Catalogage avant publication de Bibliothèque et Archives Canada

Titre: Mes outils de science / Julie K. Lundgren.
Autres titres: My science tools. Français.
Noms: Lundgren, Julie K., auteur.
Description: Mention de collection: Mes premiers livres de science | Collection Crabtree "Les jeunes plantes" | Traduction de : My science tools. | Traduction : Claire Savard. | Comprend un index.
Identifiants: Canadiana (livre imprimé) 20210174854 | Canadiana (livre numérique) 20210174927 | ISBN 9781427136886 (couverture souple) | ISBN 9781427137562 (HTML) | ISBN 9781427150578 (EPUB)
Vedettes-matière: RVM: Appareils et instruments scientifiques—Ouvrages pour la jeunesse.
Classification: LCC Q185.3 .L8614 2021 | CDD j502.8—dc23